真理的語言——法句經

淨海法師——譯

—新版序—

實現人生福祉，為最佳的佛教入門書！

巴利語是古代印度方言俗語之一，有語言而沒有文字。據說佛陀住世時，亦常用巴利俗語為群眾說法，使信眾容易聽懂和理解。公元前三世紀上座部佛教傳入斯里蘭卡，到公元前二九～一七年，大寺派上座部長老們，為了保持佛典的精純正確性，舉行斯國佛教史上的第一次結集，就把一向心口相傳的巴利三藏，使用僧伽羅語（Sinhalese）字母拼音書寫在貝葉上，以作永久的流傳，保存了珍貴的巴利三藏原文。

南傳《法句經》，是原始佛教聖典之一。一九七二年春我來美國，住在紐約唐人街，初來為了適應不順的新環境，使身心能夠安靜下來，就試著用白話文翻譯南傳《法句經》。當時心想既用白話文翻譯，也應當要有一個白話文的書名，所以就用了《真理的語言——法句經》。「真理的語言」，其實就是「法句」（Dhammapada）的原義之一，因「法句」有「佛法語句」、「佛法之道」等義，為連接前後文句，所以中間用一個破折號「——」解釋說明。不過我原來學習的巴利語成績就不很好，基礎淺薄，在翻譯巴利《法句經》時，曾參考了中、日、英、泰文翻譯的《法句經》，幫助解決了不少困難。

時光過得飛快，不覺來美已經四十年了，創立道場弘法，忙於法務及雜事，道業和學業，真是不進則退，過去我曾經學習過的幾種語文，因為基礎不好，長期不用，也沒有去溫故知新，已經完全忘記掉了，一切都陌生了。現屆年老在半退休情形下，計畫把我過去一些塗鴉的舊作和翻譯，想再作一次整理修訂，自然會有更多困難，感到力不從心。而今仍要勉力而為之，是對自己的文字有一份責任感吧。

二〇一一年五月，我趁回國之便，特往訪法鼓山道場，與果東方丈和尚、法鼓文化總監果賢法師，及幾位資深編輯居士會見，洽談拙著出版事宜。承法鼓山方面欣然願意接受負責出版，真感念這一因緣的成就。

南傳《法句經》，這是一本樸質說理平易的偈頌集，策勵學眾精進向道，富有極強的感化力。如平時多讀誦受持，一定會得益匪淺，為進德修身的寶典，修學道路上的指南，如面臨佛陀親切的教誨。

《真理的語言——法句經》，今逢因緣修訂新版，對譯文又做了一些修改，希望譯文的語義更能順暢和明白，是為序。

二〇一二年七月二十五日於休士頓玉佛寺

—譯序—

智慧的花束——佛教倫理道德寶典

《真理的語言》，是《法句經》（Dhammapada）的異名，即依「法句」新譯不同的名稱。

「法句」是譯自梵語 Dharmapada 或巴利語 Dhammapada。Dharma或 Dhamma 義為法、教法、真理、理法、法則等；pada 義為足、足跡、句、語等。所以 Dharmapada 或 Dhammapada 含有三義：一、法之句，即法義的章句，或真理的語言。二、述說佛陀教法的偈句。三、作引申之義解，即依佛陀所說法的道跡，可以到達涅槃。

《法句經》的起源，當然根據於佛說，編集成經。但在古代印度佛教，特別是在部派佛教的發展中，《法句經》的異名和異本很多，依佛教學者的研究，《法句經》最早成立的時期，是在第二次結集及其後一段時間，約為公元前三五〇至二七六年。至阿育王（Aśoka）派遣傳教師時，約公元前二五五年，這時所傳成立的《法句經》，內容多少已經有些變動，這從南傳和北傳的《法句經》稍異可以考察出來，而所引用的則同一來源。佛教流布地區愈廣，部派分裂愈多，《法句經》編集的異名和異本，也就更多起來了。

支謙的〈法句經序〉（公元二三〇年頃作）說：「曇鉢（Dharmapada）偈者，眾經之要義，曇之言法，鉢者句也。而《法句經》別有數部，有九百偈，或七百偈，及五百偈。偈（Gāthā，音讀伽陀）者結語，猶詩頌也……後五部沙門，各自鈔眾經中四句六句之偈，比次其義，條別為品，於十二部經，靡不斟酌，無所適名，故曰法句……其在天竺始進業者，不學法句，謂之越敘，此乃始進者之洪漸，深入者之奧藏也。可以啟矇辯惑誘人自立，學之功微而所苞者廣，寔可謂妙要也。」（《大正藏》冊四，頁五六六）

現在南傳佛教（傳入斯里蘭卡、緬甸、泰國等地的佛教）的巴利語《法句經》，在經藏五部中為《小部》（Khuddaka-nikāya）的第二經，全經共二十六品，四二三偈。佛教傳入斯里蘭卡，是在阿育王派遣傳教師時開始，但初時三藏都為強記口耳相傳，至毘多伽摩尼王（Vaṭṭagāmaṇī，公元前四三～一七）治世時，才用文字記載於貝葉上，所以巴利語《法句經》正式成立的時間，約在公元前二九至一七年，且屬上座部中分別說系的大寺派所傳。

我國藏經中現存有四種翻譯：

一、《法句經》二卷，維祇難等譯（黃武三年或四年，二二四～二二五），三十九品七五八偈。

二、《法句譬喻經》四卷，西晉法炬共法立譯（二九〇～三〇六），三十九品二八四偈。

三、《出曜經》三十卷，僧伽跋澄共竺佛念譯（三九八～三九九），三十四品九三四偈。

四、《法集要頌經》四卷，宋天息災譯（九八〇～一〇〇〇），三十三品九三三偈。

上四種漢譯中，《法句經》三十九品，如除去其中追加的十三品（二五七偈），基本上為五百偈本，二十六品，品次和內容很近巴利語的《法句經》。關於追加的十三品，支謙的〈法句經序〉說得很明白：「復得十三品，並校往古，有所增定。」因為在維祇難等譯《法句經》之前，曾有「近世葛氏傳七百偈」本（已早軼）。五百偈（二十六品本）及七百偈本（五百偈本加十三品中的前十品），推定約成立於公元前一七一至公元一世紀初，都屬有部系。《法句譬喻經》，附加譬喻因緣故事長行文，類如巴利語《法句經註》（Dhammapadaṭṭhakathā）一樣性質。但偈頌部分，是採用維祇難等譯的《法句經》。《出曜經》及《法集要頌經》，是九百偈本，以及與西藏譯的〈自說品〉（Tibetan "Udānavarga"）及古典梵文的〈自說品〉（Udānavarga）的斷片（Classical Sanskrit "Udānavarga" 斷片），都是源自梵文的〈自說品〉（Udānavarga）三十三品九百偈本，約成立於公元一世紀初，為大德法救撰，屬說一切有部系統。《出曜經》亦加譬喻因緣故事，但與《法句譬喻經》組織不同。《法集要頌經》純然是偈頌。

大眾部系亦有《法句經》的編集。在大眾部系說出世部所屬的《大事》（Māhavastu）中，曾集有《法句經》的〈千品〉（Sahasravarga），《大事》的編成約於公元前二至一世紀。同屬大眾部系，又有 Prākrit 語（印度古代及中世時，中部及北部的方言）《法句經》（Prākrit Dhammapada，即指 Karoṣṭhi Dhp. 斷片一二五偈。及Gāndhārī Dhp. 斷片三四四偈完本），公元二世紀初葉至中葉成立。

上面是就《法句經》發展成立史簡要的說明。但現在各種留存的《法句經》中，流傳最廣的獨有巴利語《法句經》，這當然是有它原因的。

佛教創立於公元前五、六世紀的印度，其後經發揚光大達一千五、六百年，三藏聖典結集，多用雅語梵文（Sanskrit）及俗語巴利文（Pāli）。至公元十二、三世紀，佛教在印度受到回教和印度教的壓迫，而趨於滅亡，佛教所有的經典文物，也受到徹底的毀滅。巴利語聖典幸早流傳斯里蘭卡；而更多的梵文聖典很多被毀滅，近代發現出來的很少。

巴利語《法句經》在南傳佛教中，古今一直都為廣大佛教徒所愛讀誦，句句都是佛陀啟示給我們的格言，佛教精髓，智慧的花束，文字的珠玉，為佛教倫理道德的寶典，修學佛法的入門書。因為巴利語《法句經》原典的流傳，且經近代學者比較研究，這部聖典雖在斯里蘭卡毘多伽摩尼王時才用文字記載成立，但其中偈文的古型和內容意義的保存，可追溯到最早元本的《法句經》，至少也非常接近。

反觀梵文《法句經》的原典，不管早期的和後期的，都已失傳；或有發現的，也只是斷片，殘缺不全。雖然早經有數種翻譯成中文或藏文，但在中國和西藏一向偏重於發揚大乘經論，這幾部翻譯的經典很少受到重視，加以翻譯的文詞也比較艱澀。

在十九世紀中期，西方一些學者經接觸和研究東方文化以後，佛教梵文佛典、巴利文佛典、漢譯佛典、藏文佛典等，都極受到他們的注意、介紹、翻譯。丹麥哥本哈根大學福斯包爾教授（Prof. V. Fausboll，一八二一～一九〇八）是一位著名的巴利語學者，他曾首先將巴利語《法句經》譯成拉丁文，一八五五年出版。又將《本生經》予以編集，共六本。兩書對歐洲學者研究佛教影響極大。德國梵文著名學者馬克斯米勒（Max Müler，一八二三～一九〇〇），被譽為「西方印度學之父」，其後擔任牛津大學教席，並主編《東方聖書》（*Sacred Books of the East*），計五十冊。他曾譯巴利語《法句經》（收在 SBE vol.10, Part 1, 1881）與梵文《無量壽經》、《金剛經》為英文；以及其他學者所譯的大小乘經論，都收集在《東方聖書》中。原典巴利語《法句經》（羅馬拼音），亦於一九一四年由倫敦巴利聖典協會（Pāli Text Society, London）出版。至今《法句經》在西方，已有多種文字的翻譯，以及不同的譯本、專著、論文等，約一百幾十本以上（依日本 "Shinsho Hibliograpby on Bud-dhism", The Hokuseido Press Tokyo, 1961 統計）。

一九五三年，我國了參法師，亦有《法句》譯本流通。日文更有多種譯本和專著。其中研究最有成績和代表性的，是丹生實憲著：《法句經——對照研究》，子題是：〈法句經——發展成立史研究〉，對古代流傳下來的 Pāli Dhammapada、漢譯諸本、藏譯、梵文 Udānavarga 斷片、Prākrit Dhammapada 等，以及近代學者的各種論著，作了全盤的對照研究，審慎考訂異同，成書一巨冊，九百餘頁，一九六八年出版。著者耗三十年研究，頗受日本學術界所重視。

譯者過去曾在泰國學習巴利語等，聽泰僧講授巴利語《法句經》及《法句經註》。去年來美弘法，於法務之餘，將巴利語《法句經》，全部譯成我國白話文，並參閱中、日、英、泰文等譯本，幫助解決了不少困難，譯文並加略註。

從近代佛教文獻所知，《法句經》的流傳，除了南傳佛教國家外，在西方美、加、英、德、法等先進國家，《法句經》的各種譯本，也早已成為一本社會流行的通俗佛書，一些較大的書店都有佛書銷售（在宗教區內）。我國一般信佛的人，當然沒有很多時間，或具有佛學基本知識去研讀大藏經，但卻很需要一般義理淺明而精要的佛書，作為日常念誦和修學的功課。

在初譯時，因香港佛教《內明》雜誌索稿，寄去連載多次，達三分之一以上。自登出以後，承師友和讀者們的愛護及鼓勵，希望我能提前出版單行本。因巴利語《法句經》，是一部深具價值的聖典，曾被學者鄭重推薦為「千萬人的聖典」，所以譯者也有出版的想法。

佛曆二五一七（一九七三）年十一月

目次

第一　雙對品

1

一切法心為前導，
心為主使，由心所作成。
假使人有穢惡的心，
不論語言或行動，
苦惱就跟隨著他，
如車輪隨獸足。

2

一切法心為前導，
心為主使，由心所作成。
假使人有清淨的心，
不論語言或行動，

安樂就跟隨著他，
如影隨形。

3

「他人辱罵我、毆打我、
擊敗我、掠奪我」；
若人懷有此心念，
怨恨不能止息。

*❶ 4

「他人辱罵我、毆打我、
擊敗我、掠奪我」；
若人不懷此心念，
怨恨自然止息。

5

在這世界上，
不能以怨恨止息怨恨，
唯獨無怨恨才可以止息，
這是永恆不變的真理。

6

他們❷不了悟，
「諍論會使人毀滅」；
若他們能了悟，
一切諍論可平息。

❶南傳《法句經》，共有二十六品四百二十三偈。偈文前有「＊」者，表示前偈和後偈有聯繫關係。因為在《法句經註》編集三百零五個故事中，是以《法句經》偈文與故事敘述相結合的，即在一個故事中，多數引用一首偈，也有引用二偈或多偈的。偈文和故事，都極富有教育啟發意義，感人至深。

❷佛住憍賞彌（Kosambī）時，持經與持律的兩群比丘，因戒律有無犯罪而起諍論，佛亦無法制止，便離開他們而去。因此信眾不再繼續供養，遭遇極大困難。後來比丘們知道錯，便向佛懺悔，恢復和合共住，佛為說此偈。

7

沉迷於欲樂的人，
不知防護諸感官（六根）❸，
飲食不節量，
怠惰不事精進，
實為惡魔❹所制伏，
如風吹倒弱樹。

*8

不沉迷於欲樂的人，
善能防護諸感官（六根），
飲食知節量，
具信心而精進，

不受惡魔所制伏，
如風不能搖撼山岳。

9

若人穿著袈裟，
不滅除煩惱垢穢，
缺少自制和真實，
不應穿著袈裟。

❸感官：指眼、耳、鼻、舌、身、意六根。
❹惡魔（māra）：指不正當的欲望。

*10

棄除煩惱垢穢，
能善守持戒律，
有自制和真實，
應可穿著袈裟。

11

不真實的認為真實，
真實的認為不真實，
持此邪思惟的人，
不能達到真實。

*12

真實的認為真實，
不真實的認為不真實，
持此正思惟的人，
能夠達到真實。

13

蓋屋粗陋，
為雨浸透；
未經修養的心，
為貪欲穿透。

*14

蓋屋精密，
雨不能浸透；
已經修養的心，
不為貪欲入侵。

15

作惡的人，今世悲傷，
來世悲傷，兩世悲傷。
當見到自己的惡行，
更感到悲傷而苦惱。

16

行善的人，今世喜悅，
來世喜悅，兩世喜悅。
當見到自己的善行，
更感到歡欣而喜悅。

17

作惡的人，今世苦惱，
來世苦惱，兩世苦惱。
悲歎「我作了惡業」，
墮落惡道更加受苦。

18

行善的人，今世喜樂，
來世喜樂，兩世喜樂。
欣喜「我作了善業」，
上生善趣更加喜樂。

19

雖多讀誦經典，
然放逸不依法奉行；
如牧者數他人牛隻，
不能獲得沙門果❺。

*20

雖少讀誦經典，
然能依法奉行，
捨棄貪欲、瞋恚、愚癡，
具足正智，善得解脫，
不戀今世、來世，
可獲得沙門果❻。

❺原句意為「無沙門分」，意指出家人不修行，不能證得聖者的四向、四果位，就如為他人放牧，計數牛隻，但不屬於自己的。

❻原句意為「得沙門分」，意指出家人修行，可證得聖者的四向、四果位。

第二　不放逸品

21

不放逸是不死❶徑，
放逸是死徑。
不放逸的人不死，
放逸的人如已死去。

*22

真正的智者，
深知不放逸的道理，
喜悅不放逸，
欣慕聖者的境界。

*23
智者常堅忍，
勇猛修禪定，
解脫束縛，
證得無上涅槃。

24
勤勉常持正念，
淨行而克制，
依真理生活，
不放逸者增大聲譽。

❶不死：指能精進的人，解脫生死輪迴，證入涅槃。

25

精勤不放逸，
能自制並控制感受，
智者能自作島嶼❷，
不為洪水（煩惱）所淹沒。

26

愚癡無智的人，
恣情放逸；
智者防止不放逸，
如守護最上珍寶一樣。

*27
智者以不放逸，
不嗜好欲樂；
勤於修禪定的人，
能獲得大安樂。

28
智者以不放逸，
去除放逸，
不放逸則無憂苦；

❷島嶼：或洲堵，喻救護所，眾生漂流在茫茫大海中，能登上島嶼，不為煩惱洪水所淹沒。

智者昇登高閣，
如立在高山頂，
俯視悲哀的愚人。

29
在放逸人中不放逸，
在眾人皆睡中能獨醒；
智者譬如駿馬，
棄羸馬於後而前進。

30
摩伽婆❸能以不放逸，
得為諸天之王。

不放逸者常受讚美；
放逸人常被譴責。

31

比丘喜樂不放逸，
畏懼放逸；
譬如火燄，
燒盡一切大小繫縛❹。

❸摩伽婆（Maghava）：由於過去世曾修路平地功德等，而投生為帝釋（Sakka），成為三十三天主。

❹繫縛：或譯為結，指煩惱。

32

比丘喜樂不放逸，
恐怖放逸；
確實已接近涅槃，
必定不會退轉。

第三　心品

33

動搖不安定的心，
難以防護和抑制；
智者調御令心正直，
如矢師矯正箭直。

*34

如把棲於水中的魚，
投放在陸地上；
以這顆顫慄的心，
逃脫惡魔（煩惱）的領域。

35

輕浮而難以控制的、
隨從愛欲活動的心，
智者善能馴服，
能引至安樂。

36

微細而難以察覺的、
隨從欲愛活動的心，
智者善能防護，
能引至安樂。

37

無形跡獨自飄蕩的、
隱藏於胸窟的心，
能夠制御的人，
解脫魔羅❶的束縛。

38

若心不安定，
不了知正法，
信心動搖不堅固，
不能增長智慧。

*39

若已斷除煩惱，
沒有貪欲瞋恨；
超越善與惡兩者❷，
覺者之心無有恐怖。

40

了知身如易脆的瓶，
防護心如固守城郭；

❶魔羅（Māra）：指障礙佛道的惡魔。
❷阿羅漢聖者已捨棄善惡之業因，也不受未來任何果報。

以智慧劍與魔王戰，
守護戰果而不執著。

41

這個身體很快地、
即將失去知覺，
歸臥大地，
如拋棄無用的槁木。

42

仇敵可傷害仇敵，
怨家能傷害怨家；
若心向於惡行，

造惡為害更大。

43

不是母親、父親、
或任何親族所能作，
若心向於正道，
遠勝於親朋所作❸。

❸全偈的意思是，若心向於正道，遠勝於父母和親友的愛護和幫助。

第四　花品

44

誰能征服地界、
天界及閻魔界❶？
誰能善說法語，
如花匠熟練採花？

*45

有學聖者❷能征服大地、
天界及閻魔界；
有學聖者能善說法語，
如花匠採集眾花。

46

了知身體如泡沫，
覺悟是幻化，
壞斷魔羅的花矢❸，
越過死王所不見之境。

❶ 地界，即自己。天界，指天人、天神。閻魔界，指地獄、餓鬼、畜生、阿修羅，合稱為六道。
❷ 有學聖者：指四果聖者中前三果，仍在有學階段；第四果阿羅漢已證得無學果，不須再修學斷煩惱了，稱為無學。
❸ 魔羅的花矢：指欲望的誘惑。

47

採集眾花❹，
心有愛著的人，
為死神捕捉去，
如睡村被洪水漂蕩。

48

採集眾花，
心有愛著的人，
貪欲而無厭足，
為死魔所征服。

49

牟尼❺入村落時，
如蜜蜂採花，
但取甘味去，
不損色美與香味。

50

不應觀察他人的過失，
不管他人已作、未作；
只應省察自己的所為，

❹採集眾花：喻各種欲望的誘惑。
❺牟尼（muni）：聖者、寂默者、修行者。

已作和未作。

51
像美麗可愛的花，
色好而不香；
如說善語而不實行，
亦沒有結果。

*52
像美麗可愛的花，
色好而芳香；
如說善語而實行，
必定有結果。

53

像花匠採集眾花，
製作各種花鬘；
人生在世，
應作種種諸善事。

54

花香不能逆風吹熏，
栴檀、多伽羅❻、
茉莉的香也是一樣；
而賢德者之香，

❻多伽羅（tagara）：日譯為格香、零凌香，是一種特殊灌木，可製作成香粉。

能逆風吹熏，
吹放至一切處。

*55
栴檀、多伽羅、
青蓮花、茉莉花，
一切所有的香中，
戒德的香為最上。

56
栴檀、多伽羅，
僅芳香微少；
賢德者之香最上，

熏聞諸天人之間。

57

具足戒行，
安住不放逸，
正智而解脫的人，
惡魔不知其所向❼。

58

有如棄在路旁、
在污穢的泥土中，

❼解脫的阿羅漢，不會再生死輪迴，故惡魔不知其去處。

生長著蓮花綻放，
香潔而悅意。

*59

同樣的情形，
在愚昧的凡夫中，
有正覺者的弟子，
以智慧之光照耀。

第五　愚人品

60

不眠的人夜長，
疲倦的人一由旬❶長。
不知正法的愚人，
生死輪迴長。

61

若不遇優勝過我，
或與我相等的人；
寧可獨自行居，
也不與愚人為伴。

62

愚人常這樣以為：
「我有兒子，我有財產。」
實際上，我且無有我，
何有兒子和財產？

63

愚人自知愚昧，
此人就是賢者；
若自思是賢者，

❶由旬（yojana）：印度距離單位。日本《梵和大辭典》解說，一由旬約九哩，即約十四・五公里。

實是真正的愚人。

64

愚者雖終一生，
親近於賢者，
不了解真理，
如匙不知湯的滋味。

65

智者雖在一瞬間，
親近於賢者，
能迅速了解真理，
如舌能嘗知湯的滋味。

66

無智的愚人，
造了惡行，
招受苦報，
是與自己為仇敵。

67

作了不善業生後悔，
及到受惡報時，
悲泣淚流滿面，
是為應得之果報❷。

❷果報（vipāka）：過去的善業，能召感樂果；過去的惡業，能召感苦果。

68

作了善業不生追悔，
及到受善報時，
歡喜而快樂，
是為應得之果報。

69

惡業未至成熟時，
愚人思為甜蜜；
但惡業至成熟時，
愚人得受苦惱。

70
愚人月復月修苦行，
從孤沙草❸端攝取飲食，
他所得的功德，
不及正法者十六分之一。

71
愚人作惡未即感果，
如新擠之乳不即凝固；
像死灰下覆蓋的火苗，
業力會追逐著愚人。

❸孤沙草（kusa）：即香茅草。

72

愚人學習知識，
反而會毀滅自己，
損害自己的幸福，
摧毀愚人的頭顱❹。

73

愚比丘在僧眾中，
騖求虛名，
居高位作領導，
是為貪求恭敬供養。

*74

愚比丘常這樣想：
「在家、出家都應知，
任何大小事情，
都應由我作主，
順從我的意思。」
這是增大欲望與慢心。

75

一是習近世俗利養，
一是導向於涅槃，

❹頭顱：這裡指智慧。

為佛弟子的比丘，
應了知這二者，
不應貪著世利，
應當勤修遠離。

第六　賢哲品

76
應與智者結交，
能指出過失而譴責，
就像告知寶藏的人，
與智者結交有益無害。

77
智者訓誡和勸告，
遠避不應作之事；
此人為賢者所愛，
而為惡人所憎。

78

不與惡友結交，
不與卑劣人為伍；
應與善人為友，
與高尚之人❶同伴。

79

得嘗法味的人，
心境清淨安樂；
智者常喜悅，
聖人所說之法。

❶高尚之人（purisuttama）：上人、聖人。

80
治水者疏導水，
矢人矯正箭，
木匠繩其木，
智者調御自身。

81
如堅固的岩石，
不為風所動搖；
智者於毀譽之中，
亦不為動搖。

82

如深澈的池水，
澄清而平靜；
智者聽聞佛法後，
獲得內心的清淨。

83

智者捨棄一切執著，
不談論愛欲；
雖遇有快樂和痛苦，
不現喜樂和悲愁。

84

不為自己或他人，
造作諸惡業，
不為求子、求財、
求王位而造作諸惡業；
不以非法謀求繁榮，
應為有戒有慧正直之人。

85

在人眾之中，
到達彼岸的人少；
其餘所有的人，
都在此岸徘徊❷。

*86

依照佛陀的正法，
遵守奉行的人，
才能度過，
極難越過死魔之境。

87

智者離家而出家❸，
捨棄惡業，

❷彼岸，無煩惱安樂的境界；此岸，有生死煩惱的境界。
❸離家出家：從在家人而成為出家人。

修學善業，
為求解脫道。

*88
智者捨棄欲樂，
無所執著，
清除自己心中、
所有的煩惱。

*89
正心修習七覺支❹，
遠離所有執著，
放棄一切貪欲，

斷盡一切煩惱，
成為漏盡❺的智慧者，
今世證入涅槃。

❹七覺支：指念、擇法、精進、喜、輕安、捨、定。
❺漏盡：斷盡諸漏（貪、瞋、癡等煩惱）。

第七　阿羅漢[1]品

90

旅程已盡❷，消滅憂患，
完全獲得解脫，
斷除一切束縛，
不再有苦惱。

91

修習正念者，
喜悅捨俗出家；
如天鵝離泥沼，
放棄牠們的窩巢。

92

沒有積聚❸，
飲食知量；
證得空及無相的解脫❹，
這種所行境界，
如鳥飛行空中，
無道跡可尋。

❶阿羅漢（arahanta）：中譯應供，指佛弟子修行覺悟的聖者，斷盡一切煩惱，是值得受人天尊敬供養的人。
❷旅程已盡：指阿羅漢聖者業已盡，斷除貪、瞋等一切煩惱，即所謂：「諸漏已盡，所作已辦，梵行已立，不受後有。」
❸沒有積聚：指不再造業，沒有業力的活動。
❹空解脫：空去貪、瞋、癡等煩惱。無相解脫：無貪、瞋等相。

93

滅盡煩惱，
不貪求飲食；
證得空及無相的解脫，
這種所行境界，
如鳥飛行於空中，
無道跡可追尋。

94

諸根❺寂靜者，
如御者馴服馬；
捨除我慢及煩惱，
為諸天人所敬慕。

95

阿羅漢已無憤怒，
無論何人怎樣對待他，
如大地般堅忍，
如帝釋門柱❻般穩固，
如無淤泥的池沼，
他不再有生死輪迴。

❺諸根：指人的視覺、聽覺等功能。
❻帝釋門柱（indrakhīla）指城牆門高大堅固的柱子，可支撐防守敵人攻入。

96

阿羅漢心意安靜，
言語、身行也安靜，
由正智而解脫，
是獲得安穩的人。

97

他不妄信，證悟涅槃，
斷除繫縛，不再造業，
捨棄一切貪欲，
實是最尊貴的人。

98

在村落、在森林、
在平地、在高山，
阿羅漢所住之處，
都能令人感到喜悅。

99

林野❼令人感到喜悅，
這不為世人所愛；

❼林野：指閑靜處，環境幽靜，適合修行人沉思，沒有塵囂的干擾。

離欲❽的人喜愛此，
因他們不尋求欲樂。

❽離欲：指離諸欲及一切煩惱。

第八　千品

100
雖然讀誦千言，
若是無義語，
不如一有義語，
讀後得到寂靜。

101
雖然讀誦千句偈，
若是無義語，
不如一句有義偈，
讀後得到寂靜。

102
雖然讀誦百首偈，
若是無義語，
不如一首有義偈，
讀後得到寂靜。

*103
若在戰場上，
能戰勝千萬人；
不如戰勝自己，
實是最上的戰勝者。

104

能戰勝自己，
實勝於戰勝他人；
調御自己，
是常行自制的人。

**105*

天神、音樂神、
魔王、梵天，
都不能擊敗、
能戰勝自己的人。

106

與其一百年間，
每月祭祀用千金；
不如一瞬間，
供養一有修行的人，
這種供養，
勝過百年的祭祀。

107

若人在林中祭祀火神，
雖然經過一百年，
不如一瞬間，
供養一有修行的人，

這種供養，
勝過百年的火祭。

108
世人若為了求福，
一年間供犧牲祭祀，
所得功德不及四分之一，
禮敬正直者。

109
常禮敬有戒德的人，
尊敬年長的人，
可增長四種利益：

長壽、美貌、安樂、力量。

110
若人雖然生長百歲，
破戒、不修禪定；
不如生長一日，
有戒德、修禪定。

111
若人雖然生長百歲，
無智慧、不修彈定，
不如生長一日，
有智慧、修禪定。

112

若人雖然生長百歲，
怠惰不精進；
不如生長一日，
堅毅勵行精進。

113

若人雖然生長百歲，
不了知生滅法❶；
不如生長一日，
得了知生滅法。

114

若人雖然生長百歲，
不見不死道（涅槃）；
不如生長一日，
得見不死道（涅槃）。

115

若人雖然生長百歲，
不了知最上法（涅槃），

❶生滅法（udayabbaya）：一切有為法，是依因托緣而起，有生有滅，無常住性。在修禪觀時，了知色法（物質）有地、水、火、風的現象；心法（受、想、行、識）有生滅無常的法則。

不如生長一日，
得了知最上法❷。

❷最上法：指九種出世間法，即四向、四果及涅槃。

第九　惡品

116

應急速行善，
防止心作惡；
遲慢行善，
心則喜於作惡。

117

若人作了惡，
不應重複再作；
不喜於作惡，
因積惡受痛苦。

118
若人行了善，
應常常行善；
樂於行善，
因積善得安樂。

119
惡業未成熟時，
惡人以為是樂；
但當惡業成熟時，
惡人會遭受惡報。

*120

善業未成熟時，
善人或以為是苦；
但當善業成熟時，
善人會受到善報。

121

不要輕視惡行，
以為「小惡我不受報」；
如滴水能注滿水瓶，
愚人積小惡而至罪惡盈滿。

122
不要輕視善行，
以為「小善我不受報」；
如滴水能注滿水瓶，
賢者積小善而至福德盈滿。

123
財寶多而伴侶少的商人，
應避免走危險的道路；
珍惜生命應避免毒藥，
同樣，人亦應遠離罪惡。

124
假使手無傷口，
就可以用手提毒，
因毒不入侵無傷口之人；
不作惡業的人便無惡報。

125
若人侵犯無過、
清淨無染的人❶，
罪惡會返歸於愚人，
如逆風揚微塵。

126
有人投生母胎中❷，
作惡者墮入地獄，
正直之人上生天界，
無煩惱者證入涅槃。

127
不論在虛空中、
海洋裡、山穴內，

❶無染的人：指阿羅漢聖者。
❷母胎：喻人住在生死輪迴中。

或世界上任何地方，
都無法逃避惡報。

128

不論在虛空中、
海洋裡、山穴內，
或世界上任何地方，
無處可令人逃避死魔。

第十　刀杖[1]品

129
一切眾生都恐怖刑罰，
一切眾生都畏懼死亡，
以自己推及他人，
不殺、不教人殺。

130
一切眾生都恐怖刑罰，
一切眾生都愛惜生命，
以自己推及他人，
不殺、不教人殺。

131

一切眾生都希求安樂，
為求自己的安樂，
以刀杖傷害眾生，
來世不能得到安樂。

**132*

一切眾生都希求安樂，
為求自己的安樂，
不以刀杖傷害眾生，
來世定可獲得安樂。

❶刀杖（daṇḍa）：刀杖意指古代的刑罰，因古人刑罰多用刀刑和杖罰。

133
不向人說粗惡語，
說後會得到反報，
憤怒之言實堪痛苦，
互相攻擊亦傷害自身。

*134
你若保持沉默，
像一破裂的銅鑼，
你已得到涅槃，
不再存有爭執。

135
譬如牧人執鞭杖，
驅趕牛群至牧場；
衰老和死亡，
驅逐眾生的壽命。

136
愚人作了惡行，
不自覺知，
然因自己的惡業，
如被火燃燒。

137

若人以刀杖，
傷害無惡的善良者，
速得以下的
十種惡果之一：

*138

會受到劇痛、災難，
或身體傷殘，
或患重病，
或得失心錯亂；

*139
或遭受王難，
或被讒誣，
或親人死亡，
或財產損失；

*140
或家宅為火燒毀。
這樣無智的人，
身死之後，
又墮入地獄。

141

非以裸身、髻髮、
泥身、絕食、露地臥、
塵垢塗身、蹲踞，
不斷惑者不得清淨。

142

嚴身、寂靜、調御、
克制、解脫、梵行，
不以刀杖傷害一切眾生，
是梵行者、沙門、比丘。

143

在這世界上，
罕有自制而知慚愧者；
警覺而不受人責難，
如良馬不受鞭策。

*144

如良馬加鞭，
當勤勉懺誨，
以信仰、戒行、精進、
禪定、擇法、

明行足❷，正念，
能消滅無窮的苦惱。

145
治水者疏導水，
矢人矯正弓箭，
木匠繩其木，
善行者調御自身。

❷明行足：具足智慧和戒行。

第十一　老品

146
世間常在燃燒❶中，
有何可喜及歡笑？
當你被黑暗覆蔽時，
為何不尋求光明？

147
觀此粉飾嬌媚的身軀，
是一堆瘡痍的形骸，
有疾病而多欲望，
不能堅固長存。

148

這衰老的身體，
為疾病的巢穴，
容易朽壞和分散，
終必死亡而結束。

149

如在秋季時，
所拋棄的葫蘆瓜；
見這灰白的骸骨，
有什麼可喜？

❶世間有十一種火常在燃燒中：貪、瞋、癡、病、老、死、愁、悲、苦、憂、惱。

150

這城郭（身體）以骨骸作成，
包以血和肉，
在其中包含著，
老、死、驕慢及虛偽。

151

美飾的王車也會朽壞，
人體的衰老亦如此。
但善人之法❷不朽，
善人傳示於善人。

152
聽聞少的人，
如牡牛的老去，
徒增長肌肉，
而不增長智慧。

153
在多生輪迴中，
尋找不到造屋者❸，
生而又再生，

❷善人之法：指聖者的教法，即四向、四果及涅槃，能出世間。
❸造屋者：屋喻人的身體，造成生死輪迴。

真實是痛苦。

*154
造屋者現已尋獲，
不應再去建造，
椽柱和棟梁皆已損毀，
心證無為❹愛欲滅盡。

155
少壯時不修梵行，
又不積蓄財物，
如在池邊老了的白鷺，
無魚而自死滅。

*156

少壯時不修梵行，
又不積蓄財物，
如已破折的棄弓，
後悔而悲嘆過去。

❹無為：指涅槃，已滅盡一切愛欲，證得聖者阿羅漢。

第十二　自己品

157

若知道愛惜自己，
應善於保護自己。
智者於生命三時❶中，
都應保持警覺。

158

應先培養自己的品德，
然後去教導他人；
智者如此作，
便不會有煩惱。

159
自己所行的，
應如自己所教導的，
制御自己才能制御他人，
制御自己實是最難。

160
以自己為依怙，
他人何可為依怙？
調御自己的人，

❶ 三時：指人生的青年時、中年時、老年時。一般也指過去、未來、現在。

是得到最難得的依怙❷。

161
自己作的罪惡，
是由自己造成，
罪惡毀壞愚人，
如金剛粉碎寶石。

162
一個破戒者，
如蔓藤纏覆娑羅樹❸，
如此傷害自己，
為敵人所稱快。

163
對自己無益的惡事，
是很容易作；
對自己有益的善業，
實是最難行。

164
持有邪見的愚人，
誹謗阿羅漢、聖者、

❷ 依怙：或作皈依處，修行者要依靠自己的經驗、智慧、判斷，及依據正法來達到解脫。
❸ 娑羅樹（sāla）：娑羅樹屬龍腦香科之喬木，產於印度等熱帶國家，高約三丈餘，葉長橢圓形而尖。

依法奉行者，
結果是自取毀滅；
如迦他迦的開花結實❹，
而自枯死。

165

自己作惡，
自己污穢；
自己不作惡，
自己清淨。
污穢和清淨都由自己，
他人何能代為清淨？

166

作利益他人的事，
不可忽視自身的利益；
善知自身的利益❺，
應常專心個人的修行。

❹ 迦他迦（Kaṭṭhaka）：泰文譯作竹，日文譯作葦，在開花結實後則自枯死。
❺ 這裡指個人最終的利益，即道、果、涅槃。

第十三　世間品

167

不作卑劣的事，
不流於放逸，
不執持邪見，
不貪求世間欲樂❶。

168

警覺不放逸，
應修正法善行，
依正法奉行的人，
今世來世都安樂。

*169

奉行正法善行，
不作惡行；
依正法行者，
今世來世都安樂。

170

觀察世間如水泡，
如海市蜃樓（幻景），
如此觀察世間，
死王不能見到他。

❶世間欲樂，令人有生死輪迴之苦。

171

來看這世間（五蘊），
像美飾的王車；
愚人沉湎其中，
智者毫無執著。

172

若人以前放逸，
以後不再放逸，
如月出雲翳，
照耀這世間。

173
若人作了惡，
以善來覆滅，
如月出雲翳，
照耀此世間。

174
在暗昧的世界中，
能洞察的人甚少；
只少數人昇到天界❷，
如鳥能逃脫羅網。

❷天界：比喻涅槃。

175
天鵝飛行太陽道❸，
有神通者翱翔空中；
智者摧破魔王及魔軍，
能出離世間（證涅槃）。

176
違犯一乘法❹，
說虛妄語，
不信來世者，
則無惡不作。

177
慳吝的人不會生天界，
愚人不會讚歎布施；
智者隨喜布施，
後必得安樂。

178
大地上的統治者，
或生天界的人，

❸ 太陽道的運行是虛空。
❹ 一乘法（ekaṃ dhammaṃ）：指真理的四聖諦。

或一切宇宙之主，
皆不及得初果聖者❺。

❺初果聖者（sotapattiphala）：須陀洹果，初果。

第十四　佛陀品

179
佛陀已戰勝煩惱，
世間無人所能勝，
佛智無邊無行跡，
你能以何法誑惑佛陀？

*180
佛陀已捨棄繫縛，
不再受愛欲的羅網；
佛智無邊無行跡，
你能以何法誑惑佛陀？

181
智者修習禪定，
歡喜出離的寂靜；
正念的正覺者，
為天人所敬慕。

182
得生為人難，
生得有壽難，
聽聞正法難，
值佛出世難。

183

不作一切惡，
奉行一切善，
清淨自己的心意，
這是佛陀的教誨。

*184

忍辱是最高的德行，
涅槃為最上。
出家人不傷害他人，
傷害他人非出家人。

*185

不罵人、不害人，
嚴持戒律，
飲食知節量，
喜悅寂靜處，
勤修增上定，
這是佛陀的教誡。

186

即使下金雨，
也不能滿足欲望。
智者了知欲樂，
其樂少而痛苦多。

*187
就是天上的欲樂，
也不希求獲得；
正覺者的弟子，
樂於斷除愛欲。

188
當遭遇恐怖時，
去皈依山岳、
園苑、森林、
靈塔、祠廟等；

*189

此非安穩皈依處，
非最上的皈依處，
這些皈依處，
不能解脫一切痛苦。

*190

若人皈依佛，
皈依法及僧，
由於具足正慧，

得見四聖諦❶：

*191

苦、苦的起因，
苦的止息，
苦的息滅之法，
即所謂八正道❷。

*192

這是安穩的皈依處，
最上的皈依處，
這樣的皈依處，
能解脫一切苦惱。

193

尊貴的聖者難值，
不是隨處出現的；
智者所生之處，
能給親族帶來安樂。

❶ 四聖諦：是原始佛教的基本道理。苦諦（一切皆苦）、集諦（苦惱由種種原因集成）、滅諦（滅除苦惱的原因，即為涅槃）、道諦（導致苦滅的八正道）。苦、集是世間因果；滅、道是出世間因果。

❷ 八正道：正見、正思惟、正語、正業、正命、正精進、正念、正定。

194
佛陀的出世令人喜悅，
正法的宣說令人喜悅，
僧眾的和合令人喜悅，
同修者修行令人喜悅。

195
禮敬應受禮敬者，
佛陀及他的弟子，
他們已脫離虛妄，
超越一切憂苦。

*196

若人這樣禮敬，
安穩無怖畏者，
他所得的功德，
無人可以衡量。

第十五　安樂品

197

於怨恨之中無怨恨，
生活真實安樂；
在有怨恨的人中，
我們住於無怨恨。

*198

於疾病之中無疾病，
生活真實安樂；
在有疾病的人中，
我們住於無疾病❶。

*199
於貪欲之中無貪欲，
生活真實安樂；
在有貪欲的人中，
我們住於無貪欲。

200
我們已沒有障礙❷，
生活安樂無慮；

❶疾病：病（ātura）：這裡指種種煩惱的痛苦。
❷障礙（kiñcana）：這裡指貪、瞋、癡煩惱之障礙。

如光音天人，
以禪悅為食❸。

201
勝利者招致怨恨，
失敗者悲傷苦惱；
寂靜者捨棄勝敗，
安住於寂靜樂。

202
無火勝過貪欲，
無惡勝過瞋恨，
無苦勝過五蘊❹，

無樂勝過寂靜（涅槃）。

203
飢餓是最大的疾病，
諸行❺是最大的痛苦；
若能如實了知，
涅槃是至上的安樂。

❸光音天，又稱極光淨天，是色界第三禪最高的一天。此天絕音聲，以口發淨光為語言。又自初禪天以上斷分段食，而以禪悅為食。

❹五蘊：五種積聚之意。五蘊是：1.色（物質），2.受（感受），3.想（想像，心中浮起的形象），4.行（意志、意念），5.識（認識作用）。色是指物質性的身體，受、想、行、識四者是指精神性的心理。合五種積聚要素，組成人的身心。眾生由五蘊組成的身心，會受到老、病、死等痛苦。

❺諸行：行為遷流不住，生滅無常。諸行是指眾生五蘊身心的生滅。

204

無病是最大的利益，
知足是最大的財富，
信賴是最上的親屬，
涅槃是最上的安樂。

205

已嘗獨居味，
及寂靜味後；
喜悅正法味，
無惡離畏得安樂。

206
善哉！得見聖者，
與聖者為伴常安樂；
由於不見愚人，
即常感安樂。

*207
與愚人同行的人，
長時有憂苦。
與愚人為友，
如和敵人共處。
與智者為友，
如與親族相歡聚。

*208

賢者、智者、多聞者，
忍辱者、持戒者、聖者，
依從這樣的善慧者，
如月順從星道運行。

第十六　愛好品

209
作了不當作的事，
忽略應當作的事，
捨棄正道趨向愛欲，
卻嫉妒精進成就者。

*210
不結交歡喜的人，
也不結交不歡喜的人；
不見所愛的人是苦，
見了所憎的人也是苦。

*211

因此不執著於所愛，
失去所愛為痛苦；
沒有愛和憎，
就無繫縛。

212

從喜愛生憂愁，
從喜愛生恐怖；
離喜愛無憂愁，
哪裡有恐怖？

213
從愛著生憂愁，
從愛著生恐怖；
離愛著無憂愁，
哪裡有恐怖？

214
從貪欲生憂愁，
從貪欲生恐怖；
離貪欲無憂愁，
哪裡有恐怖？

215
從欲樂生憂愁，
從欲樂生恐怖；
離欲樂無憂愁，
哪裡有恐怖？

216
從愛欲生憂愁，
從愛欲生恐怖；
離愛欲無憂愁，
哪裡有恐怖？

217
具足戒行與正見，
住於正法真諦中，
完成自己應做的事，
為眾人所敬愛。

218
渴求離言法❶，
心中充滿靈悟（智慧），
無有愛欲束縛，
是為上流人❷。

219
如離鄉背井的遊子，
從遠地平安歸來，
親族與朋友，
歡迎他平安歸來。

*220
同樣，人行善事，
從今世到後世，

❶ 離言法：即涅槃，涅槃是超言說的。
❷ 上流人（Uddhamsota）：指三果阿那含聖者。

善果歡迎他（得善果），
如迎親人從遠地歸來。

第十七　忿怒品

221
捨棄忿怒，
消除我慢，
解脫一切結縛，
不執著於名色❶，
心中無一物，
苦惱不相隨。

222
若人抑制忿怒，
如制止疾行車，
我稱他為真御者，
其餘的只是執韁人。

223 以柔和勝忿怒，
以善勝不善，
以布施勝慳吝，
以真實勝虛妄。

224 說真實語、不瞋恚，
物雖少而施與乞者，
以此三事，
得上生天界。

❶名色（nāma-rūpa）：指精神和物質，即身心。屬十二緣起中的名色支。

225
聖者不傷害他人，
常攝護其身，
到達不死之境，
那裡沒有憂愁。

226
常保持覺醒，
日夜精勤，
志趣於涅槃，
息滅一切煩惱。

227

阿多羅❷！自古如此，
非是始於今日，
沉默者受謗，
多語者受謗，
少語者受謗，
世上未有不受謗的人。

*228

完全被毀謗的人，
或完全被稱讚的人，

❷阿多羅（atula），在家信徒名。

過去、未來、
現在都沒有。

*229
若人日日自反省：
無過失而賢明、
具智慧及持戒，
即為智者所稱讚。

*230
智者如閻浮檀金❸，
誰人能毀謗？
為天神所讚歎，

亦為梵天所讚歎。

231
防護身體的惡行，
調御身行，
捨棄身體的惡行，
以身體修善行。

*232
防護語言的惡行，
調御語行，

❸閻浮檀金（Jambonada）：意即閻浮河的金子。印度閻浮河，出產一種品質甚佳的黃金。

捨棄語言的惡行，
以語言修善行。

*233

防護心意的惡行，
調御意行，
捨棄心意的惡行，
以心意修善行。

*234

智者調御身行，
又調御語行，
及調御意行，
是完成一切的調御。

第十八　垢穢品

235
如今你已如枯葉，
死魔使者在你身旁；
你已立在死亡前，
而旅途未儲備資糧。

*236
你應自造安全洲❶，
迅速勤修為智者，
去除垢穢和煩惱，
能到達天界的聖境❷。

*237

你的壽命已到終點，
將臨近死魔前。
道中沒有休息處，
而旅途又無資糧。

*238

你當勤修為智者，
建造自己的皈依處，

❶ 洲（dīpa）：洲、島、島嶼、庇護所，意指皈依處。另一意為燈、燈明，指具有智慧。

❷ 天界的聖境：是指無煩、無熱、善現、善見、色究竟的五淨居天，為阿那含果聖者所住的境界。

去除垢穢和煩惱，
不再有生與老。

239
智者漸次地、
剎那剎那間，
滅除自己的垢穢，
如冶工鍛鍊鋃器。

240
譬如鐵生鏽，
即會自腐蝕；
造惡者的惡業，

導向自己至惡道。

241 不讀誦經典為垢穢，
不勤掃家屋為垢穢，
怠惰為容貌的垢穢，
放逸是修行者垢穢。

242 不貞為婦人的垢穢，
慳吝為施者的垢穢，
不法的惡行，
今世及來世都垢穢。

*243

在這些垢穢中，
無明是最大的垢穢。
諸比丘！當捨棄垢穢，
成為無垢穢的人。

244

無慚愧者勇如烏鴉，
誹謗他人而傲慢，
如此邪惡者，
過著恣意輕易的生活。

*245
知慚愧的人，
常求清淨，
不執著而謙虛，
過著修行勤苦的生活。

246
若今世殺害生命，
說虛妄語，
盜取（他人）不與之物，
侵犯他人妻子；

*247
沉湎於酗酒，
這樣行為的人，
就在今生中，
斷毀了自己的善根。

*248
你應該知道，
不自制就會為惡，
因貪欲及不法，
自陷長期受苦惱。

249
隨信心與歡喜而行施；
若對於他人所施飲食，
心懷嫉妒不滿，
晝夜都不能得到安定。

*250
斷除這種（嫉妒）心，
要從根拔除它，
此人於晝夜，
心能得到安定。

251
無有火如貪欲，
無執著如瞋恚，
無羅網如愚癡，
無河流如愛欲。

252
他人的過失易見，
自己的過失難見。
散布他人的過失，
如播揚糠秕；
隱藏自己的過失，
如賭徒隱匿作弊的骰子❸。

253
只見他人的過失，
常抱嫌責之念者，
增長煩惱，
離斷惑之路遙遠。

254
虛空沒有道跡，
外道無有沙門（法）❹。

❸骰子（kali）：指狡猾的賭徒用隱匿的骰子作弊，詐騙贏得他人的錢財。此句亦有人譯為：「如獵鳥者以枝葉掩蔽自己的身體。」

❹外道無有沙門（法）：外道們執著斷、常等邪見，不能修得沙門聖果。

凡夫歡喜虛妄❺，
如來則沒有虛妄。

*255
虛空沒有道跡，
外道無有沙門（法）。
諸行是無常的，
諸佛無有動搖。

❺虛妄（papañca）：妄想，虛假、非真實之意。

第十九　法住品

256
急躁處理事情，
不是安住真理者。
智者應判斷兩者，
是正確或錯誤。

*257
導人不急躁從事，
依法而公平判斷，
智者守護正法，
是稱為法住者。

258

不以多言故，
就成為智者；
安穩、無怨、無畏，
才稱為智者。

259

不以多言故，
就成為持法者；
聽聞雖少，
但因以身見法，
於法不放逸的人，
他即為持法者。

260

不因為人頭髮白，
就成為長老，
他只是年紀虛成熟，
徒有長老之名。

*261

只有了知佛法真諦，
不殺生、節制、律己，
無垢穢，具賢慧，
才真實稱為長老。

262
僅以辯才，
或容貌俊美，
但慳貪、嫉妒、虛偽，
不會成為善良人。

*263
若拔除、捨棄、
消滅一切罪惡，
具足智慧，
才稱為善良人。

264

不因剃髮而成沙門，
破戒、說妄語、
充滿欲望和貪念，
如何成為沙門？

*265

若人完全息滅
一切大小罪惡，
因息滅罪惡，
才可稱為沙門。

266
僅向他人托缽，
不即名比丘；
若徒具宗教形式，
亦不成為比丘。

*267
若人超越善與惡，
在世修梵行，
過著智者的生活，
才是真實的比丘。

268

愚昧無知，
不因沉默而為聖者；
智者如持秤❶，
衡量選取善法。

**269*

捨惡而取善，
即成為聖者。
能了知內外兩界❷，
因此被稱為聖者。

270
若人傷害眾生，
不是聖人；
不傷害一切眾生，
才被稱為聖人。

271
比丘不因持戒，
或因多聞，

❶持秤：指權衡捨棄惡法而選取善法，即戒、定、慧三學。
❷兩界（ubho loke）：指內外五蘊。內五蘊即自身的五蘊；外五蘊指其他眾生的五蘊。

或因得禪定，
或由於獨處；

*272
而言「我已享受出家樂，
非凡夫所能獲得」。
比丘不滅盡煩惱，
不可滿足自信。

第二十　道品

273

一切道中八正道最勝，
諸諦中四聖諦最勝，
諸法中離欲最勝，
二足❶中具眼者❷最勝。

*274

只有此道能淨知見，
沒有其他之道。
順從此道奉行，
能令魔王迷惑。

*275
順從此道奉行，
能消滅一切苦惱。
我已知能拔出毒箭❸，
為你們宣說此道。

*276
你們應當努力，
如來僅是指路者，

❶二足：1.指二足的人類。2.指智慧具足和福德具足。
❷具眼者：佛具有肉眼、天眼、慧眼、佛眼、一切智眼的五種。
❸毒箭：是指貪、瞋、癡等煩惱。

依此路修禪定者，
可解脫死魔的繫縛。

277
一切行無常❹，
以智慧觀察時，
就能厭離諸苦（五蘊苦），
這是至清淨之道。

278
一切行是苦，
以智慧觀察時，
就能厭離諸苦，

這是至清淨之道。

279

一切法無我，
以智慧觀察時，
就能厭離諸苦，
這是至清淨之道。

280

應該努力時不努力，
年輕力壯時懈怠，

❹一切由因緣而成的有為法都是無常。

意志消沉而懶惰，
不能以智慧得道。

281
謹言又抑制心意，
不以身作惡，
清淨這三業，
可得聖者所說之道。

282
由禪定產生智慧，
無禪定則智慧息滅。
了知這兩種道理，

精進與退失。
應自行努力，
令智慧增長。

283
當伐欲林❺勿伐樹，
從欲林生怖畏，
伐去欲林及欲叢，
比丘即得無欲涅槃。

❺欲林：愛欲如稠密的森林。

*284
男女的情欲，
心不斷除即受繫縛；
如飲乳的犢子，
不離哺乳的母牛。

285
斷除自己的情欲，
如以手折斷秋蓮。
當修學寂靜之道，
如善逝（佛陀）所說涅槃。

286

愚人這樣想：

「雨季我住在這裡，

寒季和熱季也住在這裡❻。」

而不覺有（死的）危險。

287

溺愛子女和家畜，

心有種種染著，

將被死神捉將去，

如洪水漂蕩沉睡的村落。

❻印度一年分熱季、雨季、寒季三期。這裡意指住在生死輪迴中。

288
人被死神捉去時，
兒子、父親不能救護，
親戚或其他的人，
也都不能救護。

*289
智者了知這道理，
持戒和自律，
迅速令清淨，
直趣涅槃之道。

第二十一　雜品

290

若捨棄（世俗）小樂，
得見大樂（涅槃）；
智者捨棄小樂
當得見大樂。

291

為求自己的安樂，
而令他人痛苦，
是受瞋恨所繫縛，
不能解脫瞋恨。

292

該作的事不作，
不該作的事卻去作，
是傲慢放逸的人，
因此增長煩惱。

*293

常精勤觀照自身，
該作的努力去作，
不該作的不作，
如此觀照者滅盡煩惱。

294 殺害愛欲母與傲慢父❶，
殺害剎帝利❷的二王❸，
消滅王國❹及從臣❺，
趣向無憂的婆羅門。

*295 殺害愛欲母與傲慢父，
殺害剎帝利的二王，
殺死虎將的第五者❻，
趣向無憂的婆羅門。

296

喬達摩的弟子們，
常善自覺醒，
不論晝與夜，
觀想佛陀的恩德。

❶ 母喻愛欲，父喻我慢。
❷ 剎帝利：王族及武士統治階級。
❸ 二王：指常見和斷見二種邪執。
❹ 王國：指六根和六塵（的十二處）。
❺ 從臣：指欲望。
❻ 第五者：指五蓋中的疑蓋。

*297

喬達摩的弟子們，
常善自覺醒，
不論晝與夜，
觀想教法的恩德。

*298

喬達摩的弟子們，
常善自覺醒，
不論晝與夜，
觀想僧伽的恩德。

*299

喬達摩的弟子們，
常善自覺醒，
不論晝與夜，
常修持身念住❼。

*300

喬達摩的弟子們，
常善自覺醒，

❼身念住：專注身體的「髮、毛、爪、齒、皮」等三十二種成分，了解身體的不淨，而不起執著。

不論晝與夜，
心樂於不殺生。

*301
喬達摩的弟子們，
常善自覺醒，
不論晝與夜，
心喜於修禪定。

302
出家修行難，
心樂出家難。
在家生活苦，

不和同住苦。
生死輪迴苦，
不生死輪迴者無苦。

303
正信而持戒，
增長聲譽與財富❽，
不論去到何處，
都會受到尊敬。

❽指七聖財：信、戒、慚、愧、聞、施、慧。

304

賢德者雖在遠方，
如雪山般高顯可見；
惡人如暗夜中射出的箭，
雖在近處亦不見。

305

獨坐、獨臥，
獨行地修行，
獨自調御自己，
樂於住在林中。

第二十二　地獄品

306
說妄語者墮地獄，
或說了以後而否認；
造了這兩種惡業者，
死後都墮落地獄。

307
穿著袈裟的人，
造作很多惡行，
不制止惡行，
死後墮落地獄。

308
破戒放逸的人，
受信施者供養食物；
還不如吞噉著、
炙熱的鐵丸。

309
放逸淫他人妻者，
受到四種惡果：
獲罪業、不安眠、
受誹謗、墮地獄。

*310

獲罪業，又墮地獄，
男女恐懼，歡樂極少；
而且王法施加重刑，
因此不應犯他人妻。

311

如不善刈茅草，
將會割傷到手；
比丘作惡行，
將會墮入地獄。

*312

怠惰的行為，
污穢不持戒，
懷疑修梵行，
不能獲得大果報。

*313

應該作的善行，
應盡心努力去作；
放逸的修行者，
增長塵垢（煩惱）。

314
最好不作惡行，
作了惡行受苦惱；
最好修善行，
修善行不受苦惱。

315
譬如邊境的城郭，
內外都要防護；
防護自己也一樣，
剎那間不可放逸。
剎那間疏忽的人，
墮入地獄受苦惱。

316

不應羞恥而羞恥，
應羞恥而不羞恥；
懷此邪見的人，
將會墮落惡道。

**317*

不應恐怖的視為恐怖，
應恐怖的視為不恐怖，
懷此邪見的人，
將會墮落惡道。

318
無罪的認為有罪，
有罪的認為無罪；
懷此邪見的人，
將會墮落惡道。

*319
知有罪的為有罪，
知無罪的為無罪，
懷此正見的人，
將得往生善處。

第二十三　象品

320
如象在戰場上，
忍受弓箭的射出；
我亦忍受他人的誹謗，
因多數人是不自制的。

*321
已訓練的象可赴戰場，
亦可為國王乘騎；
能忍受誹謗的人，
是人中最上調御者。

*322

已受過訓練的騾，
信度河所產的駿馬❶，
及矯羅❷的大象，都很優良，
能調御自己者更優良。

323

不論任何車乘，
都不能去到難達之境❸，

❶ 印度信度河（Sindhu）地方產駿馬。
❷ 矯羅（Kuñjara），為斯里蘭卡Devānampiya-tissa王（公元前二四七～二〇七）的大象名。
❸ 難達之境：指涅槃。

只有調御自己的人，
能去到難達之境（涅槃）。

324
那名叫財富的大象，
在發情期極難制伏；
在被捕捉之後拒食，
只惦念著回到象林。

325
愚癡者怠惰、貪食，
睡眠時輾轉反側，
如飼養的肥豬；

不斷地一直輪迴。

326
過去這顆妄想心，
隨所欲及喜好，
到處遊蕩攀緣；
現在我已調伏它，
如象師持鉤，
馴服發狂的野象。

327
勤奮不放逸，
防護自己的心意，

從煩惱中自求解脫，
如象脫出泥沼。

328
若與有賢德、
有智慧的人結伴，
能克服一切危難，
應欣然與他同行。

*329
若不得有賢德、
有智慧的人結伴，
應如王拋棄征服的國土，

如象獨行於林中。

*330
寧可一人獨居，
不與愚人為友；
獨居生活不造惡，
如象獨在林中遨遊。

331
患難時有朋友為樂，
已擁有的知足為樂，
命終時積善業為樂，
脫離一切苦為樂。

*332
在世孝敬母親為樂，
孝敬父親亦為樂。
在世恭敬僧人為樂，
恭敬聖人❹亦為樂。

*333
持戒至年老為樂，
成就正信為樂，
獲得智慧為樂，
不造一切惡為樂。

❹聖人（brāhmaṇa）：原義為婆羅門，但佛教引用，則指聖人、聖者，即指佛陀、阿羅漢。

第二十四　愛欲品

334
放逸者滋長愛欲，
像蔓藤的生長；
如猿猴在林中尋找果實，
從此生流轉到他生。

*335
在世為人卑劣，
被愛欲所繫縛，
增長憂苦，
如雨後的毘蘿那草❶。

*336
在世能克服卑劣，
及難以克服的愛欲，
憂苦就會消失，
如水珠從蓮葉上掉落。

*337
來此集會的人，
我向你們宣說，
掘除愛欲之根，

❶ 毘蘿那草（bīraṇa）：亦譯為香草。

如掘毘蘿那草的香根❷。
不讓魔王再侵害你們，
像洪水侵淹蘆葦。

338
被砍伐的樹木，
若不除根還會再生；
潛伏的愛欲未根除，
則苦惱會一再增長。

*339
有三十六種欲流❸：
強驅逐人心奔向愛欲，

具有邪見的人，
為愛欲思惟漂蕩去。

*340
欲流奔向一切處，
如茂盛的蔓藤生長；
智者見到蔓藤發芽，
應以智慧砍斷其根。

❷ 毘蘿那草（bīraṇa）：香在根部，要取得香根，就要連根都掘起。
❸ 愛欲有三種：1.欲愛，2.有愛，3.非有愛。三種各有十二（分內六根和外六塵），合共三十六種。

*341
世人趣向沉浸於
愛欲所生的快樂，
追求欲樂者，
必受到生與死之苦。

*342
為愛欲纏縛的人，
如兔受困而顫抖；
人若為煩惱所纏縛，
長時間一再受苦惱。

*343

為愛欲纏縛的人，
如兔受困而顫抖；
比丘應求無欲，
滅除一切愛欲。

344

有人為了離欲，
到林間隱居修行。
出了欲林又回到欲林，
此人是離縛又再受縛。

345

智者說：「鐵製、木製、
麻製，都非堅牢束縛；
迷戀妻、兒、珠寶等，
才是極堅牢的束縛。」

*346

智者說：「堅牢的束縛，
引誘人墮落，
雖鬆緩而難脫；
斷除這些束縛，
不求欲樂，
捨棄一切而出家。」

347

耽著欲樂隨從欲流去，
如蜘蛛自結網。
智者斷除愛欲的束縛，
脫離一切憂苦。

348

捨棄過去現在未來，
度到彼岸（涅槃）去，
心已解脫一切，
不會再有生與死。

349
受到欲念迷惑的人，
沉迷於愛欲之樂，
愛欲更增長，
是自作更堅牢的束縛。

*350
若人斷除欲念的迷惑，
應常修不淨觀，
正念滅除愛欲，
脫離魔王的束縛。

351
到達究竟處無有怖畏，
離愛欲，無垢穢，
拔除生有❹的箭（愛欲），
這是最後之身❺。

*352
離愛欲無執著，
通達經典的義理，

❹生有：指世間生死的存在。
❺最後之身：指以後不再有生死輪迴。

言詞文字的組合，
及先後次第；
達到最後之身，
稱為大智大丈夫。

353

我調御一切，了知一切，
不執著一切，捨棄一切，
無欲解脫，獨自覺悟，
又稱誰為師❻？

354

一切施中法施勝，

一切味中法味勝，
一切樂中法樂勝，
滅除諸苦無欲勝。

355
財富能毀滅愚人，
不毀滅尋求彼岸者；
無智者貪戀財富，
毀滅自己亦毀滅他人。

❻佛陀初成道後，往鹿野苑途中，遇到一位異教徒優波迦（Upaka）問佛陀：「你跟誰為師？」佛陀就用這首偈來回答。

356
雜草損壞田地，
貪欲損壞世人；
布施離貪欲者，
必將獲得大果報。

*357
雜草損壞田地，
瞋恚損壞世人；
布施離瞋恚者，
必將獲得大果報。

*358

雜草損壞田地，
愚癡損壞世人；
布施離愚癡者，
必將獲得大果報。

*359

雜草損壞田地，
欲望損壞世人；
布施離欲者，
必將獲得大果報。

第二十五　比丘品

360
善於防護眼根，
善於防護耳根，
善於防護鼻根，
善於防護舌根。

*361
善於防護身根，
善於防護語言，
善於防護心意，
善於防護一切，
能防護一切的比丘，
解脫一切苦惱。

362

調御手足及語言，
調御最高的頭首❶，
喜悅專心修禪定，
獨居知足者名為比丘。

363

比丘調御語言，
以平靜心及善巧，
解說教法的義理，
所言柔和甘美。

❶頭首：指心意和頭腦。

364

安住於佛法，
喜悅於佛法，
思惟和憶念佛法，
比丘不離於佛法。

365

不輕視自己的所得，
也不羨慕他人所得；
比丘羨慕他人所得，
無法得到安定。

*366 若比丘所得雖少，
而不輕視自己的所得，
過清淨生活，不懈怠，
為諸天所稱讚。

367 若對於身與心（名、色）❷，
不執著為我及我所❸，

❷名、色（nāma-rūpa）：屬十二緣起中的名色支，概括一切精神與物質的總稱，名指精神方面，色指物質方面。

❸我及我所：指執著我自身及屬於我自身的所有物。

不為身心壞滅而憂悲，
此為真實比丘。

368
若比丘充滿慈愛心，
喜悅佛陀的教法；
解脫一切繫縛，
到達寂靜安樂的境界。

*369
比丘！汲去船中的水❹，
能使船行輕快；
斷除貪欲和瞋恚，

能迅速達到涅槃。

*370
斷除五下分結❺、
棄捨五上分結❻，
勤修五種善根❼，
解脫五種煩惱❽
到達彼岸的比丘，
稱為度過瀑流❾者。

❹船喻人的身體；水喻不正的心念。
❺五下分結：下分欲界的貪、瞋、身見、戒禁取、疑。
❻五上分結：上分色界和無色界的色愛、無色愛、掉舉、慢、無明。
❼五種善根：信、進、念、定、慧。
❽五種煩惱：貪、瞋、癡、慢、見。
❾瀑流：有四種瀑流，即欲瀑流、有瀑流、見瀑流、無明瀑流。

*371

比丘！修禪定、不放逸，
不要讓心被愛欲迷惑；
當你墮地獄吞熱鐵丸時，
才哀號：「這真是苦」！

*372

無智慧者不修禪定，
不修禪定者亦無智慧；
有禪定有智慧者，
真實已接近涅槃。

*373
若比丘走入空閒處，
他的心是寂靜的，
正確地諦觀正法，
能得到凡夫未有之樂。

*374
常具足正念者，
觀照五蘊⑩的生滅，

⑩五蘊：五種積集之意，為構成生命存在的五種要素。1.色（身體或物質），2.受（感受），3.想（想像，心象），4.行（意志），5.識（認識作用）。

獲得喜悅與安樂，
是達到不死之道。

*375
有智慧的比丘，
攝護諸根、知足、
遵守別解脫戒⓫。
親近精勤的善友。

*376
真誠的態度，
端正的行為，
內心充滿喜悅，

能滅盡一切苦。

377
諸比丘們！
捨棄貪欲和瞋恚；
亦如婆尸迦花⓬，
枯萎而凋謝。

⓫ 別解脫戒：波羅提木叉，即比丘戒，受持一一戒，即得一一解脫，故稱別解脫戒。
⓬ 婆尸迦花（vassikā）：譯為夏生花、素馨。

378

身寂靜、語寂靜、
意寂靜，安住禪定；
比丘捨棄世俗的欲樂，
可稱為寂靜者。

379

比丘！當自警策，
自我反省和防護，
具足正念，
過著安樂的生活。

*380

自己保護自己，
自己為自己的依怙，
因能調御自己，
如馬商馴服良馬。

381

比丘充滿喜悅，
勤修佛陀的教法，
諸行⑬都已止息，
達到寂靜安樂境界。

⑬諸行：行是心念的動向，諸行指心的種種意念或動向。

382

比丘雖年少，
若勤修佛陀的教法，
光明照耀此世間，
如月出雲翳。

第二十六　婆羅門[1]品

383
婆羅門！勇敢截斷欲流，
滅除情欲。
了知諸行的生滅，
達到無為的涅槃。

384
婆羅門！應熟習二法❷，
能到達彼岸，
因具足正智，
解脫一切束縛。

385

無彼岸、無此岸❸，
彼岸和此岸都無，
無恐怖無束縛的人，
我稱他為婆羅門。

❶婆羅門（Brāhmaṇa）：原為古印度四種階級之一，是宗教、哲學的指導者，被認為最崇高者。佛教亦引用這一名稱，意指斷除一切罪惡，煩惱已滅盡的聖者，義同阿羅漢。

❷二法：指止與觀。止（samatha或samādhi）相當於定，使心安住一境。觀（vipassanā）相當於慧，發起正智，斷除煩惱。

❸此岸、彼岸：在此處，此岸指內六入（眼、耳、鼻、舌、身、意六根），彼岸指外六入（色、聲、香、味、觸、法六境）。

386
獨處修習禪定，
遠離塵垢，
所作已辦，
無有諸煩惱，
到達最高境界的人，
我稱他為婆羅門。

387
太陽在日間照耀，
月亮在夜間明照，
武士以甲冑輝煌，
婆羅門的禪定生輝；

而佛陀的慧光，
則晝夜都普照。

388
棄除惡業者為婆羅門；
行為清淨者為沙門；
能自清除垢穢的人，
是稱為出家人。

389
不攻擊婆羅門；
婆羅門受攻擊亦不發怒。
攻擊婆羅門者可恥；

婆羅門發怒更可恥。

*390
婆羅門！此非小利益，
喜悅制止心中的瞋恨，
消除傷害他人之心，
則苦惱可以止息。

391
不以身體、語言、心意，
造作諸惡業；
能防護這三處的人，
我稱他為婆羅門。

392

不論從何人學習，
聽聞正覺者的教法，
應禮敬那說法的人，
如婆羅門祭祀聖火。

393

不因髻髮或種族、
不因出生為婆羅門；
能通達教法者，
是為幸福的婆羅門。

394
無智者髻髮何益？
披著獸皮衣何益？
內心具有貪欲，
僅是徒具外表裝飾。

395
披著糞掃衣❹者，
顯露著清瘦筋脈，
林中獨修禪定者，
我稱他為婆羅門。

396

只因出身婆羅門族，
我不稱他為婆羅門；
若他還未脫離煩惱，
只是名稱喚為「菩」❺。
斷除煩惱無執著的人，
我稱他為婆羅門。

❹糞掃衣：僧人撿取被捨棄在糞塵中的破衣碎布，洗滌後作成的袈裟。
❺菩（bho, bhovadi）：是對婆羅門的稱呼。稱呼「菩」者，相當於中文禮貌地稱「卿」、「君」、「先生」之意。

397
若人斷除一切結縛❻，
無恐怖，無執著，
已脫離煩惱者，
我稱他為婆羅門。

398
斷除（瞋恚的）皮帶，
（貪愛的）韁革，
（邪見的）繩索，
及附屬物（隨眠煩惱等），
破除（愚癡）障礙的覺者，
我稱他為婆羅門。

399 若人被辱罵、毆打，
忍受而不瞋怒，
如軍隊一樣有強忍力，
我稱他為婆羅門。

400 不瞋怒、具德行，
持戒、無貪、自制，

❻ 一切結縛：此指十使、十結或十縛。即：身見、邊見、邪見、見取見、戒禁取見、貪、瞋、癡、慢、疑。

達到最後身者，
我稱他為婆羅門。

401

如蓮葉上的水滴，
如針端上的芥子，
不執著一切愛欲，
我稱他為婆羅門。

402

若人在今世，
覺悟消滅一切苦惱，
御下重擔、解脫煩惱，

我稱他為婆羅門。

403
具有甚深智慧，
能分辨正道與邪道，
已達到最高境界，
我稱他為婆羅門。

404
不與俗人親密，
也不與遊方僧混雜，
心中無愛欲者，
我稱他為婆羅門。

405

對一切強弱眾生，
放棄使用刀杖（刑罰），
不殺不教人殺，
我稱他為婆羅門。

406

在敵意者中保持友善，
在暴力者中保持平和，
在執著者中而不執著，
我稱他為婆羅門。

407

脫落貪欲、瞋恚、
我慢、虛偽，
如芥子從針尖上掉落，
我稱他為婆羅門。

408

若人不說粗惡語，
說善益語、真實語，
不以言語觸怒他人，
我稱他為婆羅門。

409

在這世間上，
不論長短、粗細、好壞，
未與之物而不取者，
我稱他為婆羅門。

410

若人今世、來世，
都無欲求，無束縛，
無欲而解脫，
我稱他為婆羅門。

411
若人沒有貪欲，
了悟正法而無疑惑，
到達不死的涅槃地，
我稱他為婆羅門。

412
在這世界上，
超越善與惡兩者，
無憂苦而清淨的人，
我稱他為婆羅門。

413
如無雲翳的月亮，
清淨、明澈；
滅盡再生之欲者，
我稱他為婆羅門。

414
越過泥濘崎嶇的路，
越過愚癡者難度的輪迴，
已達彼岸，住於禪定，
無貪欲、無疑惑，
捨棄執著至寂靜的人，
我稱他為婆羅門。

415

今世捨棄欲樂，
離家而出家，
滅除愛欲的存在❼者，
我稱他為婆羅門。

416

今世捨棄愛欲，
離家而出家，
滅除渴愛的生起❽者，

❼愛欲的存在：指欲有（kāma-bhava），三有之一，欲有是指為愛欲所囿的生命存在。
❽渴愛的生起：指愛有（taṇhā-bhava），渴愛的存在。

我稱他為婆羅門。

417

捨棄人間的束縛，
超越天界的束縛，
離去一切束縛的人，
我稱他為婆羅門。

418

已捨棄了愛欲，
林間修梵行，清涼無煩惱，
勇敢戰勝這世間（五蘊）❾，
我稱他為婆羅門。

419

能遍知一切

眾生的生與死，

不執著，善逝、覺者，

我稱他為婆羅門。

**420*

諸天、乾闥婆❿、人、

不知他的所行境界，

❾克服五蘊之苦，不使再生，解脫生死。

❿乾闥婆，天上的樂神，常在帝釋左右演奏伎樂。

滅盡煩惱的阿羅漢，
我稱他為婆羅門。

421
過去、未來、現在，
都無有煩惱，
不執著任何一物，
我稱他為婆羅門。

422
如牛王⑪般尊貴與勇猛，
無欲大仙、戰勝魔軍者、
淨行者、正覺者，

我稱他為婆羅門。

423
聖者能知前世，
能見天界和惡道，
了知生死已盡，
完成無上的智慧，
一切圓滿成就者，
我稱他為婆羅門。

⓫牛王：意指超群無畏的人。

智慧人 19

真理的語言──法句經

Words of Truth: *Dhammapada*

譯者	淨海法師
出版者	法鼓文化事業股份有限公司
總監	釋果賢
總編輯	陳重光
編輯	李金瑛
封面設計	化外設計
地址	臺北市北投區公館路186號5樓
電話	(02)2893-4646
傳真	(02)2896-0731
網址	http://www.ddc.com.tw
E-mail	market@ddc.com.tw
讀者服務專線	(02)2896-1600
初版一刷	2012年10月
建議售價	新臺幣280元
郵撥帳號	50013371
戶名	財團法人法鼓山文教基金會─法鼓文化
北美經銷處	紐約東初禪寺 Chan Meditation Center (New York, USA) Tel: (718)592-6593 Fax: (718)592-0717

法鼓文化

國家圖書館出版品預行編目資料

真理的語言：法句經／淨海法師譯. -- 初版. --
臺北市：法鼓文化, 2012. 10
面； 公分
ISBN 978-957-598-597-4（平裝）

1. 本緣部

221.86 101016578